Eis-Lollies

Jan Thorbecke Verlag

Eis-Lollies

FRUCHTIG, FRISCH & FRECH

KARIS & DOMINIC GESUA

FOTOS VON RITA PLATTS
AUS DEM ENGLISCHEN VON RENATE CHRIST

JAN THORBECKE VERLAG

Für unsere liebevolle Familie

INHALT

EINFÜHRUNG

Willkommen zu unserem Buch!
Wir haben dieses Buch geschrieben, weil wir unsere Rezepte mit allen teilen wollten und weil wir zeigen wollten, dass Eis-Lollies ein großartiger gesunder Snack, eine witzige Näscherei und ein superschnell zubereiteter Nachtisch sein können.

Als unser Eis-am-Stiel-Abenteuer begann, bereiteten wir Eis-Lollies nur für unsere Freunde und Verwandten zu. Lickalix wurde geboren, weil wir unseren Traum leben wollten und eine Firma gründen, auf die wir stolz sein konnten. Eine, die auf Prinzipien und einem Ethos basiert, an die bzw. den wir wirklich glaubten. Und so wurde Lickalix verwirklicht, wo wir in Handarbeit aus frischen ganzen Früchten natürliches Eis am Stiel für die ganze Familie herstellen.

Als wir versuchten, etwas über die Geschichte von Eis am Stiel herauszufinden, erfuhren wir, dass es seinen Ursprung in Mexiko haben soll. Der Legende nach nahmen aztekische Herrscher Schnee aus den Bergen und vermischten ihn mit einer köstlichen Kombination aus frischem Obst. Im frühen 20. Jahrhundert wurde das Eis am Stiel in ganz Nordamerika bekannt und beliebt. Viele Handwerksbetriebe schossen wie Pilze aus dem Boden und produzierten kreative gefrorene Leckereien. In den letzten Jahren hat sich der wunderbare Trend, frisches Obst und außergewöhnliche Geschmackszutaten zu verwenden, über den ganzen Erdball verbreitet und öffnet den Menschen die Augen dafür, wie köstlich ein Eis am Stiel schmecken kann.

Die eiskalten Leckereien haben überall auf der Welt einen anderen Namen. Es ist ganz egal, wie Sie dazu sagen – besorgen Sie einfach ein paar großartige Zutaten, pürieren Sie sie, frieren Sie sie ein und genießen Sie!

In Wirklichkeit begann unsere Eis-am-Stiel-Reise vor vielen Jahren – Eis am Stiel ist nostalgisch. Wir erinnern uns noch daran, wie wir es jeden Sommer mit unseren Müttern zubereitet haben. Wir holten die Plastikformen aus der Schublade, in der sie seit dem letzten Sommer gewohnt hatten, und füllten Sie mit Apfeloder Orangensaft. Dann waren wir sehr stolz, als wir unser selbst gemachtes Eis am Stiel aßen.

Für uns dreht sich beim Eis am Stiel alles um die Verwendung echter ganzer Früchte und hochwertiger Zutaten. Es geht auch darum, kreativ zu werden und über den Rand der Eisform hinauszuschauen: auf verschiedene Texturen, das Aussehen, unterschiedliche Aromen am Gaumen und die Art der Präsentation beim Servieren. Wir experimentieren auch mit dem Zusatz von Alkohol, für die Herstellung von Gaumenfreuden nur für Erwachsene – die nennen wir Eis-Cocktails …

Blättern Sie um, werden Sie kreativ und beginnen Sie Ihr eigenes Eis-Lolly-Abenteuer!

Alles Liebe,

Karis + Dominic

TIPPS FÜR DIE ZUBEREITUNG

Die Zutaten

Für uns geht es darum, das Beste aus der Frucht zu bekommen. Wenn Sie die Kerne oder Schale von Beeren nicht mögen, können Sie die Mischung durch ein feines Sieb drücken. Dabei gehen aber auch ein paar Nähr- und Ballaststoffe verloren, die gut für Sie sind. Wenn Sie Saft verwenden, versuchen Sie ihn selbst zu pressen und verwenden Sie so viel Fruchtfleisch wie möglich. Falls Sie Saft kaufen müssen, versuchen Sie, eine Sorte mit Fruchtfleisch zu bekommen, auf deren Verpackung „nicht aus Konzentrat" vermerkt ist. Die Qualität der Zutaten ist sehr wichtig und für das Endprodukt wirklich entscheidend, weil es nicht gekocht wird. Dadurch, dass die Zutaten nicht gekocht werden, bleiben die Nährstoffe im Eis. Wir holen Obst und Gemüse am liebsten auf unserem Bauernmarkt vor Ort. Da wissen wir, wo es herkommt, und unterstützen regionale Betriebe. Außerdem kaufen wir Bio- und Fairtrade-Produkte, wann immer wir können.

Was Sie benötigen, um Eis am Stiel zuzubereiten

- Eisformen
- evtl. Eisstiele
- Eisstielhalter (s. u.)
- Mixer
- Gefäß mit Ausgießer
- Schneidbrett, Messer und Schäler
- Löffel und Waage
- Butterbrotpapier
- luftdicht verschließbare Plastikbehälter
- hohes Gefäß oder Waschbecken
- ein Tiefkühlgerät!

Pürieren

Nehmen Sie für das Pürieren einfach Ihren normalen Küchenmixer, einen Pürierstab oder einen Smoothie Maker.

Zucker

Bei vielen Rezepten wird verlangt, dass man zuerst den Zucker schmelzen lässt, aber wir legen großen Wert auf Einfachheit. Stattdessen können Sie den Zucker einfach mit den anderen Zutaten pürieren. Vergewissern Sie sich, dass er vollständig untergemischt ist, indem Sie die Mischung mit einem Teelöffel probieren. Falls der Zucker noch nicht ganz aufgelöst ist, werden Sie die Körnchen auf der Zunge fühlen können. Mixen Sie die Mischung einfach noch einmal durch, bis der Zucker vollständig aufgelöst ist. Viele Leute fragen uns, warum wir Zucker hinzufügen. Grundsätzlich verändert sich das Geschmacksprofil von Lebensmitteln, wenn sie eingefroren werden. Wenn man ein wenig Zucker in die Eismasse gibt, dann verstärkt das den Geschmack und verhilft dem Eis zu einer schönen Textur. Nehmen Sie die Angabe in unseren Rezepten als Richtwert und verwenden Sie mehr oder weniger Zucker – je nachdem, wie süß Sie Ihr Eis am Stiel mögen. Im Kapitel „Gesunde Kicks" finden sich Rezepte, für die überhaupt kein Zucker benötigt wird.

Das Befüllen der Formen

Am besten verwendet man hierfür ein Gefäß mit einem Ausgießer. Die oberen 1–1,5 cm der Form müssen Sie freilassen, weil sich sonst die Mischung über den Rand der Form ausdehnt und es schwierig wird, das Eis aus der Form zu bekommen. Wischen Sie jegliche Eismasse ab, die außen an die Eisform kommt.

Stiele

Bei fast allen Eisformen sind Plastikdeckel dabei, in die der Stiel integriert ist. Wir verwenden jedoch gerne Holzstiele, weil wir finden, dass sie besser aussehen. Eisstiele aus Holz können Sie ganz leicht übers Internet erwerben. Schreiben Sie kleine Botschaften oder Witze auf den Teil des Stiels, an dem man das Eis hält, schreiben Sie die Namen Ihrer Gäste darauf, dekorieren Sie sie mit Schleifen und sorgen Sie so für den Wow-Effekt beim Servieren. Wenn Sie Holzstiele verwenden, müssen Sie Ihren eigenen Eisstielhalter konstruieren. Sie können entweder die Formen mit Aluminium- oder Frischhaltefolie abdecken, welche die Stiele beim Einfrieren an Ort und Stelle halten, oder einen Deckel aus Karton ausschneiden. Nehmen Sie hierfür ein Stück Karton und schneiden Sie einen Deckel aus, der dieselbe Form besitzt wie die Öffnung Ihrer Eisformen. Markieren Sie die Mitte jeder Öffnung mit einem Bleistiftstrich. Schneiden Sie dann mit einer Schere oder einem Cutter durch diesen Strich. Durch diese Schlitze können Sie dann Ihre Holzstiele stecken.

Eintauchen und bestreuen

Amüsieren Sie sich und tauchen Sie Ihr fertiges Eis am Stiel in Schokolade und Streusel. Kaufen Sie hochwertige Schokolade und geben Sie sie in Stücke gebrochen in ein mikrowellengeeignetes Gefäß. Die einfachste Art, Schokolade zu schmelzen, besteht darin, sie in 10–30 Sekunden langen Intervallen in der Mikrowelle zu erhitzen und nach jedem Intervall umzurühren. Sie können die Schokolade aber auch in einer hitzebeständigen Schüssel über einem Topf mit gerade siedendem Wasser schmelzen lassen. Falls Sie Milch- oder dunkle Schokolade verwenden, sollten Sie beim Schmelzen 1 TL Kokosöl pro 100 g Schokolade hinzufügen, damit sie später besser fest wird. Bei den Streuseln können Sie Ihrer Kreativität freien Lauf lassen und alles ausprobieren, was Ihnen in den Sinn kommt. Probieren Sie verschiedene Nüsse, klein geschnittenes Obst, zerkrümelte Frühstücksflocken und Gebäckstreusel wie bunte Zuckerperlen oder essbaren Glimmer aus.

Verschiedene Looks

Manche Rezepte zeigen Ihnen, wie Sie Ihrem Eis ein besonderes Aussehen verleihen können, z. B. durch mehrfarbige Schichten, bei denen es erforderlich ist, dass das Eis zwischen den Schichten eingefroren wird. Sie können auch schräge Schichten herstellen, indem Sie die Eisformen im Tiefkühlfach zu einer Seite hin kippen. Lehnen Sie sie schräg an und stützen Sie sie mit einem Beutel Erbsen ab. Es gibt auch Rezepte für Eis mit Marmormuster, für das man nicht so viel mehr Zeit benötigt, das aber beeindruckend aussieht.

Alkohol

Bereiten Sie einmal echt erwachsene, witzige Leckereien und Desserts zu, indem Sie etwas Alkohol in Ihr Eis am Stiel geben und einen Eis-Cocktail daraus machen! Sie müssen allerdings darauf achten, wie viel Sie davon in die Eismasse geben, weil Alkohol nicht gefriert.

Einfrieren

Am besten stellt man die Formen in den hinteren Teil des Gefriergerätes, wo es am kältesten ist. Dort gefriert das Eis schneller und es entsteht eine bessere Textur. Am besten friert man das Eis über Nacht ein, aber je nachdem, was für ein Gerät Sie besitzen, könnte das Eis schon nach 4–6 Stunden fertig sein.

Aus der Form nehmen

Wir sind der Ansicht, dass man die Eislutscher am besten aus ihren Formen holt, indem man ein Behältnis oder ein Spülbecken mit so viel warmem (nicht heißem) Wasser füllt, dass die Füllhöhe der Höhe der Eisformen entspricht. Nehmen Sie Ihre Eisformen und schwenken Sie sie 3–10 Sekunden lang im Wasser hin und her. Achten Sie darauf, dass kein Wasser in die Formen läuft oder spritzt. Probieren Sie nun, das Eis aus der Form zu lösen, indem Sie behutsam daran ziehen, und zwar gerade nach oben. Falls das Eis nicht sofort herauskommt, halten Sie die Form nochmals für ein paar Sekunden ins warme Wasser und probieren es noch einmal. Falls Sie zu stark ziehen und das Eis nicht rundum leicht geschmolzen ist, kann es passieren, dass das Eis zerbricht und ein Teil davon in der Form bleibt.

Aufbewahrung

Falls Sie Ihr Eis am Stiel nicht genießen, nachdem Sie es aus der Form genommen haben, legen Sie es sofort wieder ins Eisfach. Wenn man das Eis nochmals für 30 Minuten einfriert, behält es besser seine Form und schmilzt langsamer. Aus der Form genommenes Eis am Stiel bewahrt man am besten in einem Plastikbehälter mit gut schließendem Deckel auf. Legen Sie zwischen die Lagen aus Eis je einen Bogen Butterbrotpapier, damit sie nicht aneinander kleben. Falls Ihr Gefriergerät nicht so großartig ist, werden Sie feststellen, dass sich Eiskristalle bilden. Das ist aber in Ordnung. Wischen Sie den eisigen Schnee einfach ab oder halten Sie das Eis vor dem Servieren kurz unter fließendes kaltes Wasser. Wenn Sie das Eis nicht richtig geschützt in einem Behälter aufbewahren, kann es Gefrierbrand bekommen und austrocknen und schmeckt dann nicht mehr so gut. Gut eingepackt hält sich das Eis am Stiel in Ihrem Gefrierfach aber wochenlang.

Milchalternativen

Da wir bei Lickalix der Meinung sind, dass es wichtig ist, dafür zu sorgen, dass jeder unser Eis genießen kann, verwenden wir Kokosmilch statt Kuhmilch. Sie können eine ganze Reihe von Alternativen verwenden oder bei der Kuhmilch bleiben. Wenn Sie feststellen, dass für ein Rezept Milch oder Joghurt benötigt wird, dann experimentieren Sie ruhig und verwenden Sie die von Ihnen bevorzugte milchige Basis. Kokosmilch funktioniert gut, weil sie schön cremig ist, und das darin enthaltene Fett ist gutes Fett. Normale

Milch ist auch in Ordnung, wegen des Kalziums, das sie Ihnen liefert. Unserer Ansicht nach gelingt das Eis am besten mit Kokos- oder Mandelmilch, aber Sie könnten auch einmal Reis-, Hafer-, Hanf- oder Sojamilch ausprobieren.

Bei der Verwendung von Joghurt sollten Sie versuchen, ein Produkt mit derselben Konsistenz zu finden. Als kuhmilchfreie Alternativen könnten Sie Kokossahne oder Kokosjoghurt verwenden. Sie sollten nach Möglichkeit zur zuckerfreien Variante greifen.

Zuckeralternativen

Wir verwenden am liebsten unraffinierten Rohrzucker aus biologischem Anbau und fairem Handel, denn bei der Raffination werden dem Zucker ein paar seiner Nährstoffe entzogen.

Es gibt zwar Alternativen, allerdings enthalten fast alle natürlichen Zuckeralternativen, genau wie normaler Haushaltszucker, Saccharose. Beliebte Alternativen sind Agavendicksaft, Honig, Kokosblütenzucker oder Jaggery. Jede hat ihre eigenen Vorzüge und Nachteile, aber alle enthalten Saccharose und sollten deshalb nur in Maßen verwendet werden. Informieren Sie sich über die einzelnen Süßungsmittel, bevor Sie sie verwenden.

Eine weitere Möglichkeit besteht darin, Traubensaft zu verwenden. Dieser wurde jedoch verarbeitet, wodurch ein paar der Nährstoffe entfernt wurden, z. B. die Ballaststoffe, die Sie bekämen, würden Sie die ganze Frucht verzehren. Außerdem ist im Saft der Zucker in einer höheren Konzentration enthalten als in der Frucht. Machen Sie sich aber keine Gedanken: In unseren Rezepten ist nur wenig Zucker enthalten, und unser Eis ist ein gesunder und natürlicher Snack oder Nachtisch, den die ganze Familie genießen kann.

EIS AM STIEL
FÜR JEDEN TAG

BEEREN-LIMONADE

Kleine gefrorene Blaubeerstückchen in erfrischendem, säuerlichem Erdbeereis.

PORTIONEN	ZUBEREI- TUNGSZEIT	GEFRIER- ZEIT
4	5 MINUTEN	6 STUNDEN
		ODER ÜBER NACHT

160 g Erdbeeren, entstielt und klein geschnitten

40 ml frisch gepresster Zitronensaft

40 g natürlicher unraffinierter Rohrzucker

1 kleine Handvoll Blaubeeren
(mit kleineren Beeren funktioniert es am besten)

Die Erdbeeren, den Zitronensaft, 60 ml Wasser und den Zucker in einen Mixer geben und pürieren.

Die Hälfte der Mischung auf die Eisformen verteilen und in jede ein paar Blaubeeren geben.

Die Formen mit der restlichen Mischung auffüllen, dabei einen 1,5 cm breiten Rand freilassen.

Zuletzt noch ein paar Blaubeeren in die Formen geben (wenn Sie mögen, können Sie die Blaubeeren mit einem Eisstiel verteilen).

Die Eisstiele mit den Haltern in die Eismasse stecken und die Eisformen in das Gefrierfach stellen.

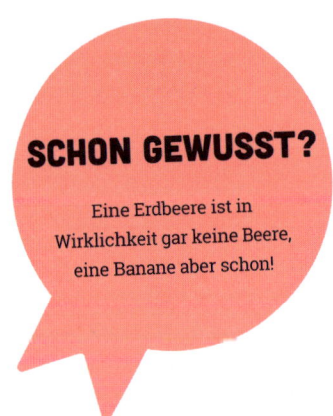

SCHON GEWUSST?

Eine Erdbeere ist in Wirklichkeit gar keine Beere, eine Banane aber schon!

PFIRSICH-BROMBEERE

Ein erfrischendes sommerliches Eis. Herbe Brombeeren schweben in süßem Pfirsicheis – einfach unwiderstehlich!

PORTIONEN	ZUBEREI-TUNGSZEIT	GEFRIER-ZEIT
4	5 MINUTEN	6 STUNDEN ODER ÜBER NACHT

200 g reife Pfirsiche, ungeschält, entsteint und in Stücke geschnitten

4 TL natürlicher unraffinierter Rohrzucker

4–8 Brombeeren, in 5 mm dicke Scheiben geschnitten

Die Pfirsiche, den Zucker und 80 ml Wasser in einen Mixer geben und pürieren.

Die Mischung auf die Eisformen verteilen und dabei einen 1,5 cm breiten Rand freilassen.

Die Brombeerscheiben in die Formen geben (wenn Sie mögen, können Sie die Brombeeren mit einem überzähligen Eisstiel zu einem hübschen Muster anordnen). Versuchen Sie, die Brombeerscheiben an den Seitenwänden der Eisformen zu platzieren – so sind die Brombeeren sichtbar, wenn man das Eis aus der Form geholt hat.

Die Eisstiele mit den Haltern in die Eismasse stecken und die Eisformen in das Gefrierfach stellen.

TIPP!

Lassen Sie die Schale an den Pfirsichen. Sie enthält viele Nähr- und Ballaststoffe und verleiht dem Eis eine hübsche Farbe und ein tolles Muster.

FÜR JEDEN TAG

17

ANANAS-LIMETTEN-SPRITZER

Dieses superschnell und einfach zuzubereitende Eis ist perfekt, wann immer Sie eine herbe Erfrischung brauchen.

PORTIONEN	ZUBEREI-TUNGSZEIT	GEFRIER-ZEIT
4	5 MINUTEN	6 STUNDEN

ODER ÜBER NACHT

160 g Ananas, geschält und in kleine Stücke geschnitten (ca. ⅓ Ananas)

20 ml frisch gepresster Limettensaft

4 TL natürlicher unraffinierter Rohrzucker

Die Ananas, den Limettensaft, den Zucker und 100 ml Wasser in einen Mixer geben und pürieren.

Die Mischung auf die Eisformen verteilen und dabei einen 1 cm breiten Rand freilassen.

Die Eisstiele mit den Haltern in die Eismasse stecken und die Eisformen in das Gefrierfach stellen.

TIPP!

Möchten Sie Ihre Geschmacksknospen einmal mit etwas Anderem verwöhnen? Dann erhöhen Sie die Ananasmenge auf 200 g und fügen Sie 8 mittelgroße Basilikumblätter hinzu. Probieren Sie es ruhig aus – es funktioniert!

FÜR JEDEN TAG

19

DOPPELT GEMOPPELTE ERDBEERE

Ein zweifarbiges Eis mit zwei Geschmacksrichtungen für die ganze Familie.

PORTIONEN	ZUBEREI-TUNGSZEIT	GEFRIER-ZEIT
4	10 MINUTEN	3 STUNDEN

ODER ÜBER NACHT

180 g Erdbeeren, entstielt und klein geschnitten

70 ml Kuh-, Kokos- oder Mandelmilch

4 TL natürlicher unraffinierter Rohrzucker

ein paar zusätzliche Erdbeerscheiben und -stückchen (optional)

TIPP!

Keine Zeit zum schichtweisen Einfrieren? Gießen Sie die zweite Schicht ganz vorsichtig aus geringer Höhe über die erste, sodass ein Marmormuster entsteht. Suchen Sie nach perfekt geformten Erdbeeren, die wie ein Herz aussehen, wenn man sie aufschneidet!

100 g klein geschnittene Erdbeeren, die Milch und 2 TL Zucker pürieren.

Die Eisformen zur Hälfte mit dieser hellrosa Mischung füllen. Wenn Sie mögen, können Sie in jede Form ein paar Erdbeerscheiben geben und diese so nah wie möglich an den Seiten der Formen platzieren.

Die Eisformen für ca. 3 Stunden ins Gefrierfach stellen bzw. so lange, bis die Mischung etwas fest geworden ist.

Die restlichen klein geschnittenen Erdbeeren und den übrigen Zucker mit 50 ml Wasser in einen Mixer geben und pürieren. Wenn Sie möchten, können Sie jetzt die Erdbeerstückchen unter die Mischung rühren.

Die Masse in die Formen gießen und dabei einen 1 cm breiten Rand freilassen. Die Eisstiele mit den Haltern in die Eismasse stecken und die Eisformen in das Gefrierfach stellen.

MANGO-LASSI

Das perfekte Eis zu jeder Tageszeit. Probieren Sie es aber auch einmal als Dessert nach einem würzigen Essen, um Ihre Geschmacksknospen zu erfrischen und zu beruhigen.

PORTIONEN **4** ZUBEREITUNGSZEIT **5-15 MINUTEN** GEFRIERZEIT **6 STUNDEN** ODER ÜBER NACHT

80 g Mango, geschält und klein geschnitten

4 TL natürlicher unraffinierter Rohrzucker

140 g Naturjoghurt

Möglichkeit 1: Wenn die Zeit drängt …
Alle Zutaten mit 60 ml Wasser in einem Mixer pürieren, die Mischung auf die Eisformen verteilen und dabei einen 1 cm breiten Rand freilassen. Die Eisstiele mit den Haltern in die Eismasse stecken und die Eisformen in das Gefrierfach stellen.

Möglichkeit 2: Wenn Sie Zeit haben …
Die Mango, 2 TL Zucker und 60 ml Wasser in einem Mixer pürieren und beiseite stellen. Den Joghurt mit dem restlichen Zucker im Mixer vermischen, in eine Schüssel umfüllen und beiseite stellen. So viel von der Mangomischung in die Eisformen geben, dass diese zu einem Viertel gefüllt sind. Anschließend vorsichtig mit einem Löffel eine Schicht Joghurtmischung hinzufügen. Füllen Sie abwechselnd Mango- und Joghurtmischung in die Eisformen, bis 4 Schichten entstanden sind. Einen 1 cm breiten Rand freilassen. Die Eisstiele mit den Haltern in die Eismasse stecken und die Eisformen in das Gefrierfach stellen.

TIPP!

Wussten Sie, dass Mangos zu derselben Pflanzenfamilie gehören wie Cashewkerne und Pistazien?

BLAUBEERE-BERGAMOTTE

Von sich aus hätten Sie diese beiden Geschmacksrichtungen vermutlich nicht kombiniert, aber sie passen sehr gut zusammen. Probieren Sie es einmal aus.

PORTIONEN	ZUBEREI-TUNGSZEIT	GEFRIER-ZEIT
4	5 MINUTEN	 6 STUNDEN

ODER ÜBER NACHT

1 Beutel Earl-Grey-Tee

200 ml kochendes Wasser

100 g Blaubeeren

5 TL natürlicher unraffinierter Rohrzucker

Den Teebeutel ca. 10–30 Sekunden in dem kochenden Wasser ziehen lassen bzw. so lange, bis das Wasser dunkelbraun ist.

Den Tee, die Blaubeeren und den Zucker in einen Mixer geben und pürieren.

Die Mischung auf die Eisformen verteilen und dabei einen 1 cm breiten Rand freilassen.

Die Eisstiele mit den Haltern in die Eismasse stecken und die Eisformen in das Gefrierfach stellen.

AUSPROBIEREN!
Planen Sie einen Nachmittagstee? Mischen Sie ihn auf und servieren Sie dieses Eis im Anschluss an den Kuchen!

FÜR JEDEN TAG

25

HERBE PAPAYA

Probieren Sie einmal dieses tropische, herb-säuerliche Eis! Eine kleine Papaya enthält ca. 300 % der empfohlenen Tagesdosis an Vitamin C und fördert die Verdauung. Dieses Eis ist perfekt als leichtes Dessert nach einem großen Essen.

PORTIONEN   ZUBEREI-TUNGSZEIT   GEFRIERZEIT

4   **5** MINUTEN   **6** STUNDEN

ODER ÜBER NACHT

200 g Papaya, geschält, entkernt und klein geschnitten

20 ml frisch gepresster Zitronensaft

4 TL natürlicher unraffinierter Rohrzucker

Alle Zutaten mit 60 ml Wasser in einen Mixer geben und pürieren.

Die Mischung auf die Eisformen verteilen und dabei einen 1 cm breiten Rand freilassen.

Die Eisstiele mit den Haltern in die Eismasse stecken und die Eisformen in das Gefrierfach stellen.

TROPISCHE ÜBERRASCHUNG

Ein erfrischendes Eis, in dem Mangostückchen schweben. Wassermelonen sind eine gute Quelle für Ballaststoffe, Kalium und die Vitamine A und C.

PORTIONEN   ZUBEREI-TUNGSZEIT   GEFRIERZEIT

4   **10** MINUTEN   **6** STUNDEN

ODER ÜBER NACHT

200 g Wassermelone, von Schale und Kernen befreit

0–3 TL natürlicher unraffinierter Rohrzucker

1 Handvoll in kleine Würfel geschnittenes Mangofruchtfleisch

Die Wassermelone im Mixer pürieren. Probieren Sie das Püree, um festzustellen, ob Sie zusätzlichen Zucker benötigen.

Die Hälfte der Mischung auf die Eisformen verteilen und in jede Form ein paar Mangowürfelchen geben. Mit der restlichen Wassermelonenmischung auffüllen und dabei einen 1,5 cm breiten Rand freilassen. Noch ein paar Mangowürfel in die Formen geben. Die Eisstiele mit den Haltern in die Eismasse stecken und die Eisformen in das Gefrierfach stellen.

MARMORIERTES ERDBEER-KOKOS-EIS

Wenn Sie ein Eis mit Marmormuster zubereiten möchten, dann sollten Sie dieses Rezept einmal ausprobieren. So ein gut aussehendes Eis!

PORTIONEN	ZUBEREI-TUNGSZEIT	GEFRIER-ZEIT
4	7 MINUTEN	6 STUNDEN

ODER ÜBER NACHT

100 g Erdbeeren, entstielt und klein geschnitten

5 TL natürlicher unraffinierter Rohrzucker

100 ml Kokosmilch

TIPP!

Probieren Sie doch einmal eine Kirsch-Version aus – einfach die Erdbeeren durch 100 g entsteinte Kirschen ersetzen.

Die Erdbeeren, 2 TL Zucker und 50 ml Wasser in einem Mixer pürieren und beiseite stellen. Die Kokosmilch mit 20 ml Wasser und dem restlichen Zucker im Mixer vermischen und ebenfalls beiseite stellen.

So viel von der Erdbeermischung in die Eisformen füllen, dass diese ungefähr zur Hälfte voll sind. Anschließend vorsichtig die Kokosmischung einfüllen und spiralförmig über die Erdbeerschicht geben. Einen 1 cm breiten Rand freilassen. Gießen Sie ganz behutsam ein, sodass die Kokosmischung zuerst auf die Seiten der Eisformen trifft, sonst haben Sie am Ende ein einfarbiges Eis.

Bevor Sie die Eisstiele hineinstecken, überprüfen Sie das Muster. Wenn Sie mögen, können Sie mit einem überzähligen Eisstiel die beiden Mischungen noch stärker marmorieren. Die Eisstiele mit den Haltern in die Eismasse stecken und die Eisformen in das Gefrierfach stellen.

PARTY-ZEIT

WASSERMELONE-KIWI

Dieses Eis sieht aus wie eine gefrorene Scheibe Wassermelone!

PORTIONEN | **ZUBEREI-TUNGSZEIT** | **GEFRIER-ZEIT**

4 | 15 MINUTEN | 3 STUNDEN

ÜBER NACHT BZW. MINDESTENS 6 STUNDEN

170 g Wassermelone, von Schale und Kernen befreit, klein geschnitten (die dunkelgrünen mit den schwachen Streifen haben oft weniger Kerne)

0–4 TL natürlicher unraffinierter Rohrzucker

50 g Kiwi, geschält

Die Wassermelone im Mixer pürieren. Probieren Sie das Püree, um festzustellen, ob Sie zusätzlichen Zucker benötigen.

Die Wassermelonenmischung so auf die Eisformen verteilen, dass diese zu drei Vierteln gefüllt sind.

Die Eisstiele mit den Haltern in die Eismasse stecken und die Eisformen in das Gefrierfach stellen. Ca. 3 Stunden lang einfrieren bzw. so lange, bis die Oberfläche der Mischung mehr oder weniger gefroren ist.

Für die zweite Schicht die Kiwi mit 25 ml Wasser pürieren und wieder nach Belieben süßen. Die benötigte Zuckermenge hängt vom Reifegrad der Kiwis ab: Je reifer sie sind, desto weniger Zucker brauchen Sie.

Die Eisstielhalter abnehmen und die Kiwi-mischung in die Formen gießen, dabei einen 1 cm breiten Rand freilassen. Es ist nicht nötig, die Halter wieder anzubringen. Die Eisformen zurück in das Gefrierfach stellen.

TIPP!

Kaufen Sie die Kiwis mindestens 4 Tage im Voraus – sie reifen nur langsam nach.

RADLER AM STIEL

Eine großartige erfrischende Ergänzung für jedes Grill- oder Gartenfest.

PORTIONEN	ZUBEREI-TUNGSZEIT	GEFRIER-ZEIT
4	5 MINUTEN	6 STUNDEN

ODER ÜBER NACHT

80 ml Bier

25 ml frisch gepresster Zitronensaft

40 g natürlicher unraffinierter Rohrzucker

Alle Zutaten und 155 ml Wasser in einen Mixer geben und vermischen.

Je nachdem, welches Bier Sie verwenden, müssen Sie die Mischung eine Weile stehen lassen, bis der Schaum zurückgeht.

Die Mischung auf die Eisformen verteilen und dabei einen 1 cm breiten Rand freilassen.

Die Eisstiele mit den Haltern in die Eismasse stecken und die Eisformen in das Gefrierfach stellen.

TIPP!

Probieren Sie dieses Rezept mit verschiedenen Biersorten aus, um herauszufinden, mit welcher es Ihnen am besten schmeckt. Wir verwenden ein helles Bier mit einer leichten Bergamotte-Note – köstlich!

PARTY-ZEIT

35

ERDBEER-KÄSEKUCHEN

Probieren Sie dieses Eis als Dessert für Ihre nächste Dinner-Party aus.
Es wird ein Lächeln auf die Gesichter Ihrer Gäste zaubern.

PORTIONEN **4**

ZUBEREI-TUNGSZEIT **10** MINUTEN

GEFRIER-ZEIT **6** STUNDEN

ODER ÜBER NACHT

90 g Erdbeeren, entstielt und klein geschnitten

150 g leichter Frischkäse

12 TL natürlicher unraffinierter Rohrzucker

ein paar zusätzliche kleine Erdbeerstücke (nach Belieben)

2 ungefüllte Kekse, zerkrümelt (am besten knusprige Haferkekse)

Die Erdbeeren, 90 g Frischkäse, 8 TL Zucker und 40 ml Wasser in einen Mixer geben und pürieren. Falls gewünscht, die Erdbeerstückchen unter die Mischung rühren.

Die Mischung so auf die Eisformen verteilen, dass diese zu drei Vierteln gefüllt sind. In einer separaten Schüssel den restlichen Frischkäse und Zucker mit 20 ml Wasser und drei Vierteln der zerkrümelten Kekse verrühren.

Die cremige Krümelmischung in die Eisformen füllen und dabei einen 1 cm breiten Rand freilassen. Zuletzt die restlichen Kekskrümel darüberstreuen und behutsam festdrücken, damit sie nicht herausfallen, wenn Sie das Eis aus der Form holen.

Die Eisstiele mit den Haltern in die Eismasse stecken und die Eisformen in das Gefrierfach stellen.

TIPP!

Möchten Sie das Eis etwas leichter machen? Ersetzen Sie Frischkäse und Wasser durch 210 g Joghurt, Milch oder Mandelmilch und nehmen Sie nur die Hälfte an Zucker.

PARTY-ZEIT
37

BROMBEER-BIER-EIS

Die Brombeeren verleihen diesem Eis eine großartige intensive Farbe, und das Bier macht es überraschend cremig. Probieren Sie es einmal aus!

PORTIONEN	ZUBEREI-TUNGSZEIT	GEFRIER-ZEIT
4	5 MINUTEN	6 STUNDEN

ODER ÜBER NACHT

80 ml helles Bier

190 g Brombeeren

10 ml frisch gepresster Zitronensaft

8 TL natürlicher unraffinierter Rohrzucker

Alle Zutaten in einen Mixer geben und pürieren.

Je nachdem, welches Bier Sie verwenden, müssen Sie die Mischung eine Weile stehen lassen, bis der Schaum zurückgeht.

Die Mischung auf die Eisformen verteilen und dabei einen 1 cm breiten Rand freilassen.

Die Eisstiele mit den Haltern in die Eismasse stecken und die Eisformen in das Gefrierfach stellen.

SCHON GEWUSST?

Brombeeren gehören zu den Früchten mit dem höchsten Gehalt an Antioxidantien.

WEISSWEIN-SANGRIA

Servieren Sie dieses Eis, um Ihre Freunde zu beeindrucken,
und garnieren Sie es mit essbaren Blüten!

PORTIONEN	ZUBEREI-TUNGSZEIT	GEFRIER-ZEIT
4	10 MINUTEN	6 STUNDEN

ODER ÜBER NACHT

80 ml Weißwein (je lieblicher, desto besser)

220 ml weißer Traubensaft

1 kleine Handvoll entstiele und in Würfel geschnittene Erdbeeren

1 kleine Handvoll entsteinter und in Würfel geschnittener Pfirsich

1 kleine Handvoll klein geschnittene Blaubeeren

1 kleine Handvoll geschälte und in Würfel geschnittene Orange

1 kleine Handvoll klein geschnittene rote Trauben

1 kleine Handvoll frische gehackte Minze

einige essbare Blüten (nach Belieben)

Den Weißwein und den Traubensaft in einem Krug miteinander verrühren. Von jeder Obstsorte ein paar Stückchen und etwas Minze in die Eisformen geben. Die Weißweinmischung in die Formen gießen und dabei einen 3 cm breiten Rand freilassen.

Noch etwas mehr Obststückchen, Minze und – falls gewünscht – Blüten in jede Form geben. Je nach Bedarf die Formen mit der restlichen Weißweinmischung auffüllen, sodass nur ein 1 cm breiter Rand freibleibt.

Die Eisstiele mit den Haltern in die Eismasse stecken und die Eisformen in das Gefrierfach stellen.

Damit das Eis ganz besonders hübsch aussieht, können Sie um die Eisstiele noch Schleifen binden, bevor Sie es Ihren Gästen servieren!

ITALIENISCHE ERDBEERE

Als wir diese Sorte auf unsere Eiskarte setzten, sagten unsere Kunden:
„Wenn jemals ein Eis nach Pizza geschmeckt hat, dann dieses hier!"

PORTIONEN	ZUBEREI-TUNGSZEIT	GEFRIER-ZEIT
4	7 MINUTEN	6 STUNDEN
		ODER ÜBER NACHT

180 g Erdbeeren, klein geschnitten

6 mittelgroße Basilikumblätter

35 g natürlicher unraffinierter Rohrzucker

etwas Balsamico-Sirup zum Beträufeln

Die Erdbeeren, die Basilikumblätter und den Zucker mit 80 ml Wasser in einen Mixer geben und pürieren.

Die Mischung auf die Eisformen verteilen und dabei einen 1 cm breiten Rand freilassen.

In jede Form ein bisschen Balsamico-Sirup träufeln.

Die Eisstiele mit den Haltern in die Eismasse stecken und die Eisformen in das Gefrierfach stellen.

TIPP!

Falls Sie keinen Balsamico-Sirup bekommen können, nehmen Sie einfach Balsamessig und geben ca. 10 Tropfen davon zu den Zutaten in den Mixer.

PARTY-ZEIT

43

MANGO-GRANATAPFEL

Dieses großartig aussehende Eis am Stiel ist der perfekte leichte Nachtisch.
So etwas haben Ihre Freunde und Familie noch nie gesehen!

PORTIONEN	ZUBEREITUNGSZEIT	GEFRIERZEIT
4	10 MINUTEN	6 STUNDEN

ODER ÜBER NACHT

200 g Mango, geschält und klein geschnitten

4 TL natürlicher unraffinierter Rohrzucker

4–8 TL Granatapfelkerne

Die Mango, den Zucker und 100 ml Wasser in einen Mixer geben und pürieren.

Die Mischung auf die Eisformen verteilen und dabei einen 2 cm breiten Rand freilassen.

In jede Form 1–2 TL Granatapfelkerne geben.

Falls nötig, die Formen mit restlicher Mangomischung so auffüllen, dass ein 1 cm breiter Rand freibleibt.

Die Eisstiele mit den Haltern in die Eismasse stecken und die Eisformen in das Gefrierfach stellen.

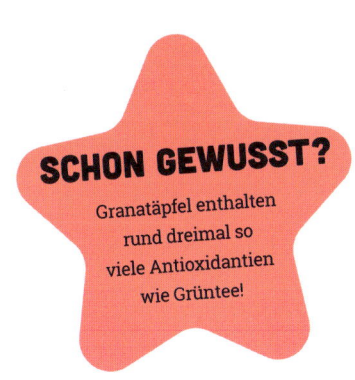

SCHON GEWUSST?

Granatäpfel enthalten rund dreimal so viele Antioxidantien wie Grüntee!

GURKE, LIMETTE UND DILL

Falls Sie ein Menü planen und noch einen „Gaumenerfrischer" als Zwischengang benötigen, dann ist dies eine witzige Möglichkeit.

PORTIONEN | ZUBEREI-TUNGSZEIT | GEFRIER-ZEIT

4 | 5 MINUTEN | 6 STUNDEN

ODER ÜBER NACHT

Alle Zutaten in einen Mixer geben und pürieren. Die Mischung auf die Eisformen verteilen und dabei einen 1 cm breiten Rand freilassen.

Die Eisstiele mit den Haltern in die Eismasse stecken und die Eisformen in das Gefrierfach stellen.

300 g Gurke, geschält und klein geschnitten

40 ml frisch gepresster Limettensaft

4 Prisen getrockneter oder 2 Prisen frischer Dill

KAROTTEN-EIS

Schmeißen Sie eine Gartenparty, zu der alle eingeladen sind? Dieses Rezept lässt sich schnell verdoppeln und ergibt auch einen erfrischenden Snack für Hunde!

PORTIONEN | ZUBEREI-TUNGSZEIT | GEFRIER-ZEIT

4 | 5 MINUTEN | 6 STUNDEN

ODER ÜBER NACHT

In einem hohen Gefäß den Karottensaft mit 150 ml Wasser verrühren. Die Mischung auf die Eisformen verteilen und dabei einen 2 cm breiten Rand freilassen.

In jede Form so viele Gurken und Karottenstückchen geben, dass oben ein 1 cm breiter Rand freibleibt. Mit einem überzähligen Eisstiel die Stückchen gleichmäßig in den Formen verteilen. Die Eisstiele mit den Haltern in die Eisformen stecken und in das Gefrierfach stellen.

150 ml Karottensaft

1 kleine Handvoll Gurken- und Karottenwürfelchen

FROZEN FRUITY BOWL

Beziehen Sie alle mit ein, indem Sie sie ihr Früchtedessert selbst zusammenstellen lassen. Richten Sie alle Zutaten auf dem Tisch an und werden Sie kreativ mit Saucen und Toppings.

PORTIONEN	ZUBEREI-TUNGSZEIT	GEFRIER-ZEIT
10+	20 MINUTEN	0 STUNDEN

FÜR DIE FRUCHTSAUCEN

250 g Erdbeeren, entstielt und klein geschnitten

250 g Mango, geschält und klein geschnitten

250 g Kiwi, geschält und klein geschnitten

FÜR DEN TISCH

Eiswürfel (1 Beutel gekaufte Eiswürfel oder ein paar gefrorene Eiswürfelbehälter)

200 g Erdbeeren, entstielt und in kleine Würfel geschnitten

200 g Ananas, geschält und in kleine Würfel geschnitten

5 Maracujas, halbiert und ausgehöhlt

je 1 große Handvoll Himbeeren, Brombeeren und Blaubeeren

Für die Fruchtsaucen die Erdbeeren mit 100 ml Wasser in einem Mixer pürieren, umfüllen und in den Kühlschrank stellen. Die Mango und die Kiwis separat mit je 100 ml Wasser pürieren.

Um den Tisch zu decken, geben Sie die Eiswürfel in eine große Servierschüssel, die Obststückchen in kleinere Servierschüsseln und füllen die Saucen in Kännchen. Decken Sie Dessertschüsseln und Löffel.

Für jeden „Eisbecher" zerkleinern Sie die Eiswürfel im Mixer oder Blitzhacker, bis sie die Konsistenz eines Slushs haben, und servieren Sie das Eis in einer Schüssel.

Dann kann sich jeder sein individuelles fruchtiges Dessert kreieren, indem er das Eis nach Belieben mit Fruchtstückchen bestreut und mit Fruchtsauce übergießt. Geschmacksrichtungen, die gut zusammenpassen, sind z. B. Kiwi und Erdbeere; Mango, Ananas und Maracuja; sowie verschiedene Beeren. Kombinieren Sie einfach Ihre Lieblingsobstsorten!

TIPP!

Hier geht es nicht nur um den Geschmack, sondern auch um die Präsentation und das Erlebnis. Überlegen Sie sich, welche Schüsseln und welche Kännchen Sie verwenden und wie Sie die Desserttafel decken. Dekorieren Sie den Tisch mit hübschen Accessoires.

PARTY-ZEIT

48

ERDBEERE, WEISSE SCHOKOLADE UND PISTAZIEN

Ein echter Publikumsliebling, der fantastisch aussieht!

PORTIONEN	ZUBEREI-TUNGSZEIT	GEFRIER-ZEIT
4	15 MINUTEN	6 STUNDEN

ODER ÜBER NACHT

200 g Erdbeeren, entstielt und klein geschnitten

4 TL natürlicher unraffinierter Rohrzucker

50 g weiße Schokolade, in Stücke gebrochen

eine kleine Schüssel mit fein gehackten Pistazienkernen (entweder im Blitzhacker zerkleinern oder den guten altmodischen Trick anwenden und sie zwischen zwei saubere Geschirrtücher legen und mit einem Nudelholz oder einem Fleischklopfer zerstoßen)

Die Erdbeeren und den Zucker mit 100 ml Wasser in einen Mixer geben und pürieren. Die Mischung auf die Eisformen verteilen und dabei einen 1 cm breiten Rand freilassen. Die Eisstiele mit den Haltern in die Eismasse stecken und die Eisformen in das Gefrierfach stellen.

Wenn das Eis vollständig gefroren ist, die Schokolade in ein mikrowellengeeignetes Gefäß geben und 20 Sekunden lang in der Mikrowelle erhitzen. Umrühren und weitere 10 Sekunden lang erhitzen. Wiederholen, bis die Schokolade vollständig geschmolzen ist.

Ein Eis aus der Form holen und schräg in die geschmolzene Schokolade tauchen. Überschüssige Schokolade abtropfen lassen, anschließend das Eis in die Schüssel mit den gehackten Pistazien tauchen.

Warten Sie, bis die Schokolade fest geworden ist und servieren Sie das Eis sofort oder stellen Sie es zurück ins Gefrier-fach, bis Sie es servieren möchten.

TIPP!

Verwenden Sie zum Schmelzen der Schokolade ein Gefäß, das so hoch ist, dass das Eis in voller Länge hineinpasst, und gerade so weit, wie das Eis breit ist – so verwenden Sie die Schokolade am effektivsten.

PARTY-ZEIT
50

KINDERFESTE

KRAKEN AM STIEL

Bereiten Sie einmal diese lustigen Eislutscher zu, die wie Kraken aussehen!
Das perfekte Extra für jede Unterwasser-Party.

 PORTIONEN 4

 ZUBEREITUNGSZEIT 10 MINUTEN

 GEFRIERZEIT 6 STUNDEN ODER ÜBER NACHT

300 ml weißer Traubensaft

1 kleine Handvoll Blaubeeren

Möhren-, Rote-Bete- oder
Zucchinistreifen bzw. -fäden

Den Traubensaft auf die Eisformen verteilen und dabei einen 2 cm breiten Rand freilassen.

In jede Form ein paar Blaubeeren geben (das sind die „Innereien" des Kraken). Die Formen mit Traubensaft auffüllen und einen 1 cm breiten Rand freilassen.

Verwenden Sie einen Spiralschneider, um die Arme der Kraken herzustellen. Falls Sie keinen Spiralschneider besitzen, verwenden Sie einen Kartoffelschäler und schneiden die Streifen in dünne Fäden. Legen Sie die Fäden knapp in die Formen und lassen Sie den Rest über den Rand hängen.

Die Eisstiele mit den Haltern in die Eisformen stecken und in das Gefrierfach stellen. Wir finden, dass sich bei diesem Eis Alufolie besser als Material für die Eisstielhalter eignet als Frischhaltefolie oder Pappe.

TIPP!

Für die Arme der Kraken können Sie jegliches Obst oder Gemüse verwenden, das Sie mögen – je bunter, desto besser. Sie können auch Zitronen- oder Apfelschale verwenden oder sogar Fruchtgummischnüre mit Erdbeergeschmack!

NUSSNUGAT-EIS

Ein schokoladiger Favorit bei Kindern und Erwachsenen.

ODER ÜBER
NACHT

100 g Nussnugatcreme

200 ml Vollmilch

4 TL natürlicher unraffinierter
Zucker

Alle Zutaten in einem Mixer miteinander vermischen.

Die Seitenwände des Mixers mit einem Teigschaber abkratzen, falls dort Nussnugatcreme festhängt. Die Mischung auf die Eisformen verteilen und dabei einen 1 cm breiten Rand freilassen.

Die Eisstiele mit den Haltern in die Eisformen stecken und ins Gefrierfach stellen.

SÜSSE ÜBERRASCHUNG

Lieblingssüßigkeiten – eingefroren in einem Nachtisch!

ODER ÜBER
NACHT

300 ml klare Limonade

1 Handvoll verschiedene Süßigkeiten (wir finden, dass es mit Gummiwürmern am besten geht)

Die Limonade auf die Eisformen verteilen und dabei einen 3 cm breiten Rand freilassen.

In jede Form ein paar Süßigkeiten geben und mit Limonade auffüllen, dabei einen 1 cm breiten Rand freilassen.

Die Eisstiele mit den Haltern in die Eisformen stecken und in das Gefrierfach stellen.

ERDBEER-MILCHSHAKE MIT KEKSEN

Dieses Eis eignet sich nicht nur für Kinderfeste, sondern für jede Gelegenheit.

PORTIONEN	ZUBEREI-TUNGSZEIT	GEFRIER-ZEIT
4	7 MINUTEN	6 STUNDEN

ODER ÜBER NACHT

150 g Erdbeeren, entstielt und klein geschnitten

140 ml Vollmilch

4 TL natürlicher unraffinierter Zucker

4–8 Kekse Ihrer Lieblingssorte

Die Erdbeeren, die Milch und den Zucker in einen Mixer geben und pürieren.

Die Mischung auf die Eisformen verteilen und dabei einen 3 cm breiten Rand freilassen.

Entweder in jede Form einen ganzen Keks geben, falls er in die Form passt, oder die Kekse in Stücke brechen und gleichmäßig auf die Formen verteilen. Wenn Sie mögen, können Sie die Keksstücke mit einem überzähligen Eisstiel verteilen.

Die Formen mit der Milchmischung auffüllen und dabei einen 1 cm breiten Rand freilassen.

Die Eisstiele mit den Haltern in die Eismasse stecken und die Eisformen in das Gefrierfach stellen.

SCHON GEWUSST?

Wussten Sie schon, dass die Erdbeere die einzige Frucht ist, bei der sich die Kerne auf der Außenseite befinden?

STREUSEL-PARADE

Wenn Sie dieses Nachtischbüfett bei einem Fest anbieten, flippen Ihre Kinder vor Freude aus. Alle können ausprobieren, ihr eigenes Eis am Stiel zu kreieren.

PORTIONEN **16**

ZUBEREI-TUNGSZEIT **25** MINUTEN

GEFRIER-ZEIT **6** STUNDEN

ODER ÜBER NACHT

160 g Erdbeeren, entstielt und klein geschnitten

160 g Ananas, geschält und klein geschnitten

160 g Himbeeren, klein geschnitten

160 g Kirschen, entsteint und klein geschnitten

16 TL natürlicher unraffinierter Zucker

ZUM EINTAUCHEN
100 g weiße Schokolade, in Stücke gebrochen

100 g Milchschokolade, in Stücke gebrochen

100 g dunkle Schokolade, in Stücke gebrochen

2 TL Kokosöl

verschiedene Streusel und gehackte Nüsse

Für das Eis am Stiel jede Obstsorte separat mit je 130 ml Wasser und 4 TL Zucker in einem Mixer pürieren. Die Mischungen auf jeweils 4 Eisformen verteilen und dabei einen 1 cm breiten Rand freilassen. Die Eisstiele mit den Haltern in die Eismasse stecken und die Eisformen in das Gefrierfach stellen.

Kurz vor dem Servieren die verschiedenen Schokoladensorten in separate, mikrowellengeeignete Schüsseln geben. Je 1 TL Kokosöl zur dunklen und zur Milchschokolade geben (aber nicht zur weißen).

Jeweils für 20 Sekunden lang in der Mikrowelle erhitzen und umrühren, dann weitere 10 Sekunden erhitzen und wieder umrühren. Diesen Vorgang so oft wiederholen, bis die Schokolade vollständig geschmolzen ist.

Die Streusel und Nüsse in kleine Schüsseln geben und mit der geschmolzenen Schokolade und dem Eis am Stiel auf dem Tisch anrichten. Jetzt können die Kinder nach Herzenslust eintauchen!

TIPP!

Werden Sie richtig kreativ und probieren Sie verschiedene Schokoladensorten aus. Egal, welche die Lieblingsschokolade Ihrer Kinder ist – probieren Sie sie einfach mal aus. Verwenden Sie auch viele verschiedene Streusel und Nussmischungen, z. B. Krokant, Kekskrümel und klein geschnittene Trockenfrüchte.

KINDERFESTE

60

BANANENSPLIT

Der klassische Eisbecher präsentiert sich hier als Eis am Stiel.

PORTIONEN

ZUBEREI-
TUNGSZEIT
MINUTEN

GEFRIER-
ZEIT
STUNDEN

ODER ÜBER
NACHT

170 g Banane, geschält und klein geschnitten

130 ml Vollmilch

4 TL natürlicher unraffinierter Zucker

1 kleine Handvoll Milchschokoladentropfen

50 g Milchschokolade, in Stücke gebrochen

1 TL Kokosöl

1 kleine Schüssel gehackte gemischte Nüsse

Die Banane, die Milch und den Zucker in einem Mixer pürieren. Die Mischung auf die Eisformen verteilen und dabei einen 2 cm breiten Rand freilassen. Die Schokoladentropfen und die Hälfte der gehackten Nüsse in die Formen streuen.

Die Formen mit der Bananenmischung auffüllen und einen 1 cm breiten Rand freilassen. Die Eisstiele mit den Haltern in die Eismasse stecken und die Eisformen in das Gefrierfach stellen.

Wenn das Eis vollständig gefroren ist, die zerkleinerte Schokolade mit dem Kokosöl in eine mikrowellengeeignete Schüssel geben. 20 Sekunden lang in der Mikrowelle erhitzen und umrühren, dann weitere 10 Sekunden erhitzen und wieder umrühren. Diesen Vorgang so oft wiederholen, bis die Schokolade vollständig geschmolzen ist. Das Eis einzeln aus den Formen lösen und in die geschmolzene Schokolade tauchen. Überschüssige Schokolade abtropfen lassen. Anschließend das Eis in die Schüssel mit den gehackten Nüssen tauchen.

TIPP!

Leiden Sie unter Laktoseintoleranz oder leben Sie vegan? Ersetzen Sie einfach die Vollmilch durch Mandel- oder Kokosmilch.

REGENBOGEN-EIS

Ein fruchtiges Schichteis am Stiel in den Farben des Regenbogens!
Für die Zubereitung benötigt man ziemlich viel Zeit, aber das Endergebnis
rechtfertigt den Aufwand.

PORTIONEN **4**

ZUBEREI-
TUNGSZEIT **15** MINUTEN

GEFRIER-
ZEIT **3** STUNDEN

ODER ÜBER
NACHT

30 g Erdbeeren, entstielt und klein geschnitten

60 ml Orangensaft

30 g Ananas, geschält und klein geschnitten

30 g Kiwi, geschält und klein geschnitten

30 g Brombeeren, klein geschnitten

1 ¼ TL natürlicher unraffinierter Zucker

TIPP!

Wenn Sie ein Schichteis am Stiel aus der Form nehmen, achten Sie darauf, dass die ganze Form rundherum mit warmem Wasser in Berührung kommt, damit keine der Schichten hängen bleibt.

Für die einzelnen Schichten die jeweilige Obstsorte mit 30 ml Wasser und ¼ TL Zucker in einem Mixer pürieren. Ausnahme: Den Orangensaft mit dem Zucker im Mixer vermischen, bis sich der Zucker aufgelöst hat.

Von den Obstmischungen jeweils so viel in die Formen gießen, dass sie ein Fünftel des Gesamtvolumens der Formen ausmachen. Die Obstmischungen in der Reihenfolge schichten, in der die Obstsorten in der Zutatenliste aufgeführt sind. Jede Schicht ca. 3 Stunden lang gefrieren lassen.

Die Eisstiele bei der ersten oder der zweiten Schicht in die Eisformen stecken. Die Eisstielhalter anbringen und die Eisformen in das Gefrierfach stellen. Wenn die Eisstiele einmal festgefroren sind, ist es nicht mehr nötig, jedes Mal die Eisstielhalter wieder anzubringen. Beim Einfüllen der abschließenden Brombeerschicht einen 1 cm breiten Rand freilassen. Bis zum Servieren ins Gefrierfach stellen.

KINDERFESTE

65

ERDNUSSBUTTER-MARMELADE

Das ist wie ein Erdnussbutter-Erdbeermarmelade-Sandwich am Stiel!

PORTIONEN	ZUBEREI-TUNGSZEIT	GEFRIER-ZEIT
 4	10 MINUTEN	6 STUNDEN

ODER ÜBER NACHT

160 g Erdbeeren, entstielt und klein geschnitten

2 TL natürlicher unraffinierter Zucker

40 g Erdnussbutter ohne Stückchen

2–3 TL Erdbeermarmelade

SCHON GEWUSST?

Marmelade gefriert nicht wirklich!

Die Erdbeeren, den Zucker und 20 ml Wasser in einem Mixer pürieren, in ein Kännchen füllen und beiseite stellen.

Die Erdnussbutter mit 40 ml Wasser im Mixer vermischen, in ein separates Kännchen füllen und ebenfalls beiseite stellen.

Die Erdbeermischung und die Erdnussbuttermischung abwechselnd in die Eisformen füllen und zwischendurch einen kleinen Klecks Marmelade (ca. ¼ TL) in die Form geben. Geben Sie aber in jede Form nicht mehr als 1 TL Marmelade, sonst gefriert das Eis nicht richtig.

Die Eisformen mit der restlichen Mischung auffüllen und dabei einen 1 cm breiten Rand freilassen.

Die Eisstiele mit den Haltern in die Eismasse stecken und die Eisformen in das Gefrierfach stellen.

WASSERMELONEN-PIZZA

Verblüffen Sie Ihre Kinder mit diesem fantastischen und farbenfrohen Nachtisch. Oder – noch besser – machen Sie ein Spiel daraus und lassen Sie alle Kinder ihre eigene „Pizza" dekorieren.

PORTIONEN	ZUBEREI-TUNGSZEIT	GEFRIER-ZEIT
4-8	20 MINUTEN	0 STUNDEN

PRO PIZZA,
JE NACH GRÖSSE
DER MELONE

1 ganze Wassermelone

Kiwis, geschält und in kleine Stücke geschnitten

Blaubeeren, ganz oder zerkleinert

Erdbeeren, entstielt und in kleine Stücke geschnitten

1 Pfirsich, entsteint und in kleine Stücke geschnitten

Kokosraspel

Pfefferminze (nach Belieben)

Die Wassermelone halbieren und aus der Mitte mehrere 2–3 cm starke Scheiben schneiden, sodass sie aussehen wie Pizzaböden. Nach Wunsch die Kerne entfernen.

Die Scheiben vor dem Belegen in Stücke schneiden – das erleichtert das Servieren.

Belegen Sie die Pizza auf dem Teller, auf dem Sie sie servieren möchten. Belegen Sie die Melonenscheibe einfach mit Obststücken, als ob Sie eine normale Pizza belegen würden.

Probieren Sie viele verschiedene Kombinationen von Obstsorten aus – je mehr desto besser. Mit Kokosraspeln bestreuen, die Käse ähneln sollen, und – nach Belieben – mit Pfefferminzblättchen.

TIPP!

Möchten Sie „Tomatensauce" dazu haben? Bestreichen Sie die Wassermelonenscheiben mit Ihrem Lieblingsjoghurt, bevor Sie sie mit den Obststücken belegen.

GEFRORENE OBSTSPIESSE

Dies ist eine witzige Möglichkeit, köstliches und gesundes Obst bei einem Kinderfest zu servieren – oder einfach als Snack für die ganze Familie. Versuchen Sie, die Kinder mit einzubeziehen, und lassen Sie sie ihren eigenen Obstspieß zubereiten.

PORTIONEN	ZUBEREI-TUNGSZEIT	GEFRIER-ZEIT
4	10 MINUTEN	4 STUNDEN ODER ÜBER NACHT

verschiedenes Obst in Stücken (wir haben Erdbeeren, Sternfrucht, Bananen, rote Trauben, Kiwis, Mango und Ananas verwendet)

Überprüfen Sie zuerst, ob Ihre Spieße in Ihr Gefrierfach passen. Falls nicht, schneiden Sie sie zurecht.

Das Obst auf die Spieße stecken. Am besten beginnt man mit einer festen Sorte, um zu verhindern, dass das ganze Obst vom Spieß rutscht.

Auf ein mit Butterbrotpapier ausgelegtes Tablett legen und ins Gefrierfach stellen.

TIPP!

Möchten Sie sündigen? Dann beträufeln Sie die Spieße doch einmal mit geschmolzener Schokolade. Oder werfen Sie sie statt ins Gefrierfach für ein paar Minuten auf den Grill, um ein warmes karamellisiertes Dessert zu erhalten.

GESUNDE KICKS

ROTE BETE, KAROTTE UND ORANGE

Dieses Eis am Stiel hilft dabei, unsere Knochen, Zähne, Haut und Augen gesund zu halten. Karotten stecken voller Beta-Carotin, das unser Körper in Vitamin A umwandelt. Rote-Bete-Saft kann helfen, den Blutdruck zu senken.

PORTIONEN	ZUBEREI-TUNGSZEIT	GEFRIER-ZEIT
4	5 MINUTEN	6 STUNDEN ODER ÜBER NACHT

40 ml Rote-Bete-Saft

100 ml Karottensaft

140 ml Orangensaft

20 g rote Trauben (nach Belieben, falls Sie das Eis süßen möchten)

Alle Zutaten in einem Mixer miteinander vermischen.

Die Mischung auf die Eisformen verteilen und dabei einen 1 cm breiten Rand freilassen.

Die Eisstiele mit den Haltern in die Mischung stecken und die Eisformen in das Gefrierfach stellen.

SCHON GEWUSST?

Die Rote Bete hat ihre Farbe vom Betacyan, einem Antioxidans, das dabei hilft, den Entgiftungsprozess in der Leber anzuregen. Möglicherweise ein gutes Eis für den Tag danach!

ORANGE, KAROTTE UND INGWER

Dieses Eis enthält große Mengen der Vitamine A, B, C und K.
Außerdem wirkt Ingwer verdauungsfördernd und entzündungshemmend.

PORTIONEN	ZUBEREI- TUNGSZEIT	GEFRIER- ZEIT
4	**5** MINUTEN	**6** STUNDEN ODER ÜBER NACHT

120 ml Karottensaft

120 ml Orangensaft

1 TL geschälter und geriebener frischer Ingwer

4 kleine Prisen (ca. $^1/_8$ TL) gemahlener Ingwer

Alle Zutaten in einem Mixer miteinander vermischen.

Wenn Sie Ingwer sehr gerne mögen und möchten, dass das Eis schön kräftig schmeckt, können Sie nach Belieben von beiden Ingwerarten mehr verwenden.

Die Mischung auf die Eisformen verteilen und dabei einen 1 cm breiten Rand freilassen.

Die Eisstiele mit den Haltern in die Mischung stecken und die Eisformen in das Gefrierfach stellen.

TIPP!

Mögen Sie es gerne süß? Reduzieren Sie die Menge an Orangen- und Karottensaft um jeweils 30 ml und fügen Sie 60 g grüne Trauben hinzu, um das Eis zu süßen, ohne Zucker zu verwenden.

FENCHELTEE-EIS

Fenchelsamen werden seit Langem in traditionellen Heilmitteln zur Förderung der Verdauung verwendet. Sie enthalten machtvolle Antioxidantien, ätherische Öle, Mineralstoffe und Vitamine.

PORTIONEN	ZUBEREI-TUNGSZEIT	GEFRIER-ZEIT
4	7 MINUTEN	6 STUNDEN ODER ÜBER NACHT

1 TL Fenchelsamen

160 ml kochendes Wasser

160 ml frisch gepresster Orangensaft

2 TL Honig

Die Fenchelsamen in einer Kanne 5 Minuten lang im kochenden Wasser ziehen lassen.

Den Fencheltee durch ein feines Sieb in einen Mixer gießen. Die restlichen Zutaten hinzufügen und alles miteinander vermischen.

Die Mischung auf die Eisformen verteilen und dabei einen 1 cm breiten Rand freilassen. Die Eisstiele mit den Haltern in die Mischung stecken und die Eisformen in das Gefrierfach stellen.

TRAUBENEIS

Dieses Eis am Stiel ist unglaublich schnell gemacht – und wieder eine erfrischende Möglichkeit, mehr Obst in Ihre Ernährung zu integrieren. Da Trauben von Natur aus viel Zucker enthalten, sind sie das perfekte Obst, um Ihren Süßhunger auf natürliche und gesunde Weise zu befriedigen.

PORTIONEN	ZUBEREI-TUNGSZEIT	GEFRIER-ZEIT
4	5 MINUTEN	6 STUNDEN ODER ÜBER NACHT

200 g rote Trauben (oder probieren Sie es einmal mit schwarzen oder grünen Trauben, um die Farben zu vermischen)

Die Trauben mit 100 ml Wasser in einem Mixer pürieren.

Die Mischung auf die Eisformen verteilen und dabei einen 1 cm breiten Rand freilassen. Die Eisstiele mit den Haltern in die Mischung stecken und die Eisformen in das Gefrierfach stellen.

GERÖSTETE ANANAS UND HONIG

Indem man die Ananas mit Honig röstet, erhält man einen karamelligen Geschmack, ohne extra Zucker hinzufügen zu müssen.

PORTIONEN	ZUBEREI-TUNGSZEIT	GEFRIER-ZEIT
4	35 MINUTEN	6 STUNDEN
		ODER ÜBER NACHT

160 g geschälte und klein geschnittene Ananas

1 TL klarer Honig

Den Backofen auf 180 °C vorheizen.

Die Ananasstücke auf einem Backblech verteilen und mit dem Honig beträufeln. Ca. 30 Minuten lang im Backofen rösten, bis die Ananas karamellisiert ist. Herausnehmen und abkühlen lassen.

Die abgekühlte geröstete Ananas mit 160 ml Wasser in einen Mixer geben und pürieren.

Die Mischung auf die Eisformen verteilen und dabei einen 1 cm breiten Rand freilassen.

Die Eisstiele mit den Haltern in die Eismasse stecken und die Eisformen in das Gefrierfach stellen.

TIPP!

Versuchen Sie, die Ananas in möglichst kleine Stücke zu schneiden. Je kleiner die Stücke, desto mehr Kanten gibt es, die karamellisiert werden können!

MANDELN, CHIASAMEN UND HIMBEEREN

Dieses Eis versorgt Sie mit reichlich Nährstoffen. Die Mandelmilch enthält Vitamin E. Chiasamen enthalten Kalzium, Magnesium, Phosphor und Eiweiß, die unerlässlich sind für gute Knochen. Außerdem stecken Chiasamen voller Antioxidantien, Ballaststoffe, Zink und Eisen.

PORTIONEN	ZUBEREI-TUNGSZEIT	GEFRIER-ZEIT
4	5 MINUTEN	6 STUNDEN

ODER ÜBER NACHT

260 ml Mandelmilch

2 TL Chiasamen

1 Handvoll Himbeeren

SCHON GEWUSST?

Mandelmilch enthält gesunde Fette und hat kein Cholesterin oder gesättigte Fettsäuren. Auf ihr Gewicht bezogen bestehen Chiasamen zu 40 Prozent aus Ballaststoffen, d. h. sie sind eine der besten Ballaststoffquellen!

Die Mandelmilch mit den Chiasamen in einer Kanne vermischen.

Diese Mischung auf die Eisformen verteilen und dabei einen 3 cm breiten Rand freilassen.

Die Himbeeren halbieren und in jede Form ein paar Hälften geben. Nötigenfalls die Himbeeren mit einem überzähligen Eisstiel verteilen.

Die Eisformen mit der Mandelmilchmischung auffüllen und dabei einen 1 cm breiten Rand freilassen.

Die Eisstiele mit den Haltern in die Mischung stecken und die Eisformen in das Gefrierfach stellen.

GESUNDE KICKS

80

BEEREN-JOGHURT-MARMOREIS

Wollten Sie schon immer mal ein Eis zum Frühstück essen? Diese gesunde Frühstücksalternative ist der perfekte Vorwand, um genau das zu tun.

PORTIONEN	ZUBEREITUNGSZEIT	GEFRIERZEIT
4	10 MINUTEN	6 STUNDEN

ODER ÜBER NACHT

140 g Naturjoghurt

40 g ungesüßtes Knuspermüsli und zusätzlich zum Bestreuen

40 g Blaubeeren

20 g Himbeeren

20 g Erdbeeren, entstielt und klein geschnitten

Den Joghurt und das Knuspermüsli in einer Schüssel vermischen. Die Blaubeeren mit 40 ml Wasser in einen Mixer geben, pürieren und in eine Schüssel umfüllen. Die Himbeeren und die Erdbeeren ebenfalls mit 40 ml Wasser im Mixer pürieren, in eine separate Schüssel füllen und beiseite stellen.

Die Mischungen schichtweise auf die Eisformen verteilen, beginnend mit der Joghurtmischung, indem Sie sie gießen oder mit dem Löffel einfüllen. Jedes Eis mit einer Joghurtschicht abschließen und einen 1 cm breiten Rand freilassen.

Jede Form mit etwas Knuspermüsli bestreuen und dieses leicht andrücken, sodass das Müsli am Joghurt haftet, wenn das Eis aus der Form genommen wird.

Die Eisstiele mit den Haltern in die Eismasse stecken und die Eisformen in das Gefrierfach stellen.

TIPP!

Verwenden Sie Ihren zuckerfreien Lieblingsjoghurt oder träufeln Sie etwas klaren Honig zwischen die einzelnen Schichten.

BANANEN-ERDNUSSBUTTER-HAPPEN

Diese Happen sind der perfekte Snack für den kleinen Hunger zwischendurch. Sie enthalten Energie, die langsam freigesetzt wird, und sind somit perfekt geeignet, um Sie bis zur nächsten Mahlzeit zu retten.

PORTIONEN	ZUBEREI-TUNGSZEIT	GEFRIER-ZEIT
VIELE – ALS KLEINE SNACKS	10 MINUTEN	3 STUNDEN

2 Bananen, geschält und in 1 cm dicke Scheiben geschnitten

1 Glas Erdnussbutter mit oder ohne Stückchen

ein paar Stücke dunkle Schokolade

½ TL Kokosöl

AUSPROBIEREN!
Für zusätzlichen Biss können Sie die Erdnussbutter mit ein paar Chiasamen oder Kakaobohnenstückchen bestreuen.

Belegen Sie ein Tablett aus Metall, das in Ihr Gefrierfach passt, mit einem Bogen Backpapier. Setzen Sie je zwei Bananenscheiben mit etwas Erdnussbutter wie ein Sandwich zusammen und legen Sie dieses Türmchen auf das Tablett.

Die Schokolade und das Kokosöl in eine kleine mikrowellengeeignete Schüssel oder einen Becher geben. 30 Sekunden lang in der Mikrowelle erhitzen, umrühren und so oft jeweils für 10 Sekunden erhitzen, bis die Schokolade geschmolzen ist. Behalten Sie sie gut im Auge, weil sie leicht verbrennen kann.

Mit Hilfe eines Teelöffels die Schokolade über die Bananentürmchen träufeln.

Das Tablett ins Gefrierfach stellen. Die gefrorenen Happen in einen luftdicht verschließbaren Behälter umfüllen und im Gefrierfach aufbewahren, für den Fall, dass Sie einen Snack benötigen.

GESUNDE KICKS
85

KOKOSWASSER-ÜBERRASCHUNG

Kokoswasser ist ein großartiger Feuchtigkeitsspender für Ihren Körper. Es ist von Natur aus isotonisch und enthält Elektrolyte, Mineralstoffe sowie Einfachzucker. Es besitzt auch viele natürlich vorkommende bioaktive Enzyme, die der Verdauung und dem Stoffwechsel helfen.

PORTIONEN	ZUBEREI-TUNGSZEIT	GEFRIER-ZEIT
4	5 MINUTEN	6 STUNDEN

ODER ÜBER NACHT

280 ml ungesüßtes Kokoswasser

1 kleine Handvoll gemischtes, in Würfel geschnittenes Obst (s. Tipp)

Das Kokoswasser auf die Eisformen verteilen und ein paar Obststückchen in die Formen streuen. Dabei einen 1 cm breiten Rand freilassen.

Nötigenfalls die Obststückchen mit einem überzähligen Eisstiel gleichmäßig verteilen.

Die Eisstiele mit den Haltern in die Eisformen stecken und ins Gefrierfach stellen.

TIPP!

Verwenden Sie verschiedene Obstsorten, die Sie ins Kokoswasser geben, z. B. Erdbeere, Kiwi und Mango. Die sorgen nicht nur für unterschiedliche Geschmackserlebnisse innerhalb des Eises, sondern auch für eine großartige Farbmischung.

GESUNDE KICKS
87

GRÜNE GÖTTIN

Mit diesem Eis können Sie Ihre Ernährung um ein kleines Extra an Spinat ergänzen. Spinat lässt das Eis nicht nur toll aussehen, er ist auch ein echtes Superfood, steckt voller Nährstoffe und ist kalorienarm. Er ist eine der besten Quellen für Kalium und Magnesium.

PORTIONEN	ZUBEREI-TUNGSZEIT	GEFRIER-ZEIT
4	5 MINUTEN	6 STUNDEN
		ODER ÜBER NACHT

140 g Ananas, geschält und klein geschnitten

140 ml Apfelsaft

40 g Spinat

12 Pfefferminzblätter

2 TL frisch gepresster Zitronensaft

Alle Zutaten in einen Mixer geben und bis zur gewünschten Konsistenz pürieren.

Die Mischung auf die Eisformen verteilen und dabei einen 1 cm breiten Rand freilassen.

Die Eisstiele mit den Haltern in die Mischung stecken und die Eisformen in das Gefrierfach stellen.

TIPP!

Benötigen Sie zusätzliche Süße? Fügen Sie 2 TL Honig hinzu.

SCHON GEWUSST?

Wussten Sie schon, dass der Großteil der im Spinat enthaltenen Kalorien vom Eiweiß kommt?

FRUCHTIGE JOGHURTHAPPEN

Bereiten Sie die doch einmal fürs Frühstück in Mini-Muffinförmchen zu und setzen Sie sie als oberleckere Krönung auf Ihr Müsli!

PORTIONEN	ZUBEREI-TUNGSZEIT	GEFRIER-ZEIT
BELIEBIG VIELE	10 MINUTEN	4 STUNDEN ODER ÜBER NACHT

Naturjoghurt

Obst in kleinen Stücken

verschiedene Kerne und Samen
(wir haben Kürbiskerne, Leinsamen, Chiasamen, Sonnenblumenkerne und Mohn verwendet)

Muffinförmchen
(wir finden, dass es mit den kleineren, flachen am besten geht)

Die Muffinförmchen auf ein Tablett setzen (überprüfen Sie, ob es in Ihr Gefrierfach passt).

In jedes Förmchen einen Klecks Joghurt geben und dabei ausreichend Platz für Obststücke und Kerne/Samen lassen. Den Joghurt mit der gewünschten Mischung aus Obst und Kernen/Samen bestreuen.

Das Tablett ins Gefrierfach auf einen ebenen Untergrund stellen. Die gefrorenen Joghurthappen in einen luftdicht verschließbaren Behälter umfüllen und im Gefrierfach aufbewahren, bis Sie einen Snack benötigen.

Geschmacksrichtungen, die sich unserer Meinung nach gut kombinieren lassen, sind:
· Erdbeeren und Pfirsiche
· Beeren und Kerne/Samen
· Mango und Kiwi
· Banane und Chiasamen
· Aprikose und Pfirsich
· Erdbeere, Banane und Mohn

Im Grunde können Sie alles ausprobieren, was Ihnen in den Sinn kommt!

GESUNDE KICKS
90

EIS-COCKTAILS

HIMBEER-MOJITO

Die Geschichte des Mojitos lässt sich bis ins 16. Jahrhundert zurückverfolgen, und somit gehört er zu den ältesten Mixgetränken, die auch heute noch konsumiert werden. Servieren Sie Ihren Freunden einmal Mojitos am Stiel!

PORTIONEN	ZUBEREI-TUNGSZEIT	GEFRIER-ZEIT
4	5 MINUTEN	 6 STUNDEN
		ODER ÜBER NACHT

200 g Himbeeren

4 TL weißer Rum

4 TL natürlicher unraffinierter Zucker

8 Pfefferminzblätter

2 TL frisch gepresster Limettensaft

Alle Zutaten mit 80 ml Wasser in einen Mixer geben und pürieren.

Die Mischung auf die Eisformen verteilen und dabei einen 1 cm breiten Rand freilassen.

Die Eisstiele mit den Haltern in die Mischung stecken und die Eisformen in das Gefrierfach stellen.

SCHON GEWUSST?

Wussten Sie, dass Rum im 19. Jahrhundert dazu verwendet wurde, Haare zu reinigen und ihre Wurzeln zu kräftigen? Die Farbe des Rums wird durch seinen Reifeprozess bestimmt.

PFIRSICH-BELLINI

Das ist eine neue und witzige Art, wie Sie Ihren Freunden ein köstliches Eis und Ihren Lieblingssekt zur gleichen Zeit servieren können.

PORTIONEN | ZUBEREI-TUNGSZEIT | GEFRIER-ZEIT

 4

 5 MINUTEN

 6 STUNDEN

ODER ÜBER NACHT

200 g weiße Pfirsiche, entsteint und klein geschnitten (die Haut lässt man am besten dran, aber Sie können sie entfernen, wenn Sie mögen)

4 TL natürlicher unraffinierter Zucker

1 Flasche Prosecco, gekühlt

4 große Weingläser

Die Pfirsiche und den Zucker mit 100 ml Wasser in einen Mixer geben und pürieren.

Die Mischung auf die Eisformen verteilen und dabei einen 1 cm breiten Rand freilassen.

Die Eisstiele mit den Haltern in die Mischung stecken und die Eisformen in das Gefrierfach stellen.

Das gefrorene Eis aus den Formen nehmen und bis zum Verzehr im Gefrierfach aufbewahren.

Zum Servieren jedes Eis in ein Weinglas stellen und mit Prosecco übergießen.

Wenn Ihre Gäste mit dem Eis im Glas rühren, können sie beobachten, wie aus dem Prosecco der berühmte Cocktail wird   aber mit Sti(e)l!

TIPP!

Überprüfen Sie, ob das Eis in die Weingläser passt, die Sie verwenden möchten.

SCHON GEWUSST?

Der Bellini wurde in Venedig erfunden!

SPRITZIGE MARGARITA

Wenn Sie einen sauren und erfrischenden Cocktail am Stiel mögen,
probieren Sie einmal dieses Rezept aus.

PORTIONEN | ZUBEREI-TUNGSZEIT | GEFRIER-ZEIT

 4   5 MINUTEN   6 STUNDEN

ODER ÜBER NACHT

7 TL frisch gepresster Limettensaft

4 TL Tequila

8 TL natürlicher unraffinierter Zucker

1 winzige Prise Salz

Alle Zutaten mit 200 ml Wasser in einem
Mixer vermischen.

Die Mischung auf die Eisformen verteilen
und dabei einen 1 cm breiten Rand freilassen.

Die Eisstiele mit den Haltern in die Mischung
stecken und die Eisformen in das Gefrierfach
stellen.

SCHON GEWUSST?

Margarita bedeutet auf
Spanisch „Gänseblümchen".
Tequila wird aus der
blauen Agave hergestellt.

WHITE RUSSIAN

Und noch ein klassischer Cocktail als Eis-am-Stiel-Version. Probieren Sie den einmal für die Kaffee- und Cocktailliebhaber unter Ihren Freunden aus.

PORTIONEN	ZUBEREI-TUNGSZEIT	GEFRIER-ZEIT
4	10 MINUTEN	6 STUNDEN

ODER ÜBER NACHT

2 Prisen Instant-Kaffeepulver

160 ml heißes Wasser

2 TL Kahlúa

6 TL natürlicher unraffinierter Zucker

160 ml Vollmilch

2 TL Wodka

Das Kaffeepulver, das heiße Wasser, den Kahlúa und 3 TL Zucker in einem Mixer vermischen. Anschließend beiseite stellen und abkühlen lassen.

Die Milch, den Wodka und den restlichen Zucker in einer separaten Schüssel vermischen.

Sie können entweder beide Mischungen gleichzeitig in die Eisformen gießen oder zuerst die Kaffeemischung einfüllen und dann ganz vorsichtig die Milch über die Seiten in die Form gießen. Die beiden Flüssigkeiten werden sich so zwar auch vermischen, aber nicht vollständig. Die Mischungen auf die Eisformen verteilen und dabei einen 1 cm breiten Rand freilassen.

Die Eisstiele mit den Haltern in die Mischung stecken und die Eisformen in das Gefrierfach stellen.

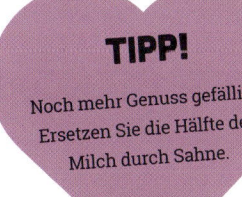

TIPP!

Noch mehr Genuss gefällig? Ersetzen Sie die Hälfte der Milch durch Sahne.

SCHOKOLADEN-BANANEN-DAIQUIRI

Dieser Daiquiri besitzt einen frechen Schokoladen-Kick!

PORTIONEN · ZUBEREITUNGSZEIT · GEFRIERZEIT

 4

 10 MINUTEN

 6 STUNDEN ODER ÜBER NACHT

180 g Bananen, geschält

4 TL weißer Rum

4 TL natürlicher unraffinierter Zucker

50 g dunkle Schokolade, in Stücke gebrochen

½ TL Kokosöl

Die Banane, den Rum und den Zucker mit 100 ml Wasser pürieren.

Die Mischung auf die Eisformen verteilen und dabei einen 1 cm breiten Rand freilassen. Die Eisstiele mit den Haltern in die Eismasse stecken und die Eisformen in das Gefrierfach stellen.

Vor dem Servieren die Schokolade mit dem Kokosöl in eine mikrowellengeeignete Schüssel geben und 20 Sekunden lang in der Mikrowelle erhitzen. Umrühren und weitere 10 Sekunden erhitzen. Umrühren und diesen Vorgang so oft wiederholen, bis die Schokolade vollständig geschmolzen ist.

Das Eis in die Schüssel tauchen oder die Schokolade über das Eis träufeln. Halten Sie das Eis in der Hand, solange die Schokolade trocknet, und servieren Sie es sofort oder bewahren Sie es im Gefrierfach auf.

SCHON GEWUSST?

Daiquiri ist der Name eines Strandes auf Kuba.

GEWÜRZ-RUM-PFLAUME

Das ist ein tolles Rezept für die Pflaumensaison.
Spiced Rum (= „gewürzter Rum") wird normalerweise mit Zimt, Rosmarin, Anis,
Absinth, Pfeffer oder Karamell aromatisiert.

PORTIONEN 4

ZUBEREI-TUNGSZEIT 5 MINUTEN

GEFRIER-ZEIT 6 STUNDEN ODER ÜBER NACHT

Alle Zutaten mit 80 ml Wasser in einen Mixer geben und pürieren. Die erforderliche Zuckermenge hängt davon ab, wie süß oder sauer die Pflaumen sind.

200 g rote Pflaumen, entsteint und klein geschnitten

4 TL Spiced Rum

4–8 TL natürlicher unraffinierter Zucker

je 4 Prisen (ca. ¼ TL) gemahlener Zimt und geriebene Muskatnuss

Die Mischung auf die Eisformen verteilen und dabei einen 1 cm breiten Rand freilassen.

Die Eisstiele mit den Haltern in die Eismasse stecken und die Eisformen in das Gefrierfach stellen.

ERDBEER-SAMBUCA

Mögen Sie Anis- und Lakritzgeschmack? Dann ist dies genau der richtige Cocktail am Stiel für Sie – mit einem zusätzlichen würzigen Kick.

PORTIONEN 4

ZUBEREI-TUNGSZEIT 5 MINUTEN

GEFRIER-ZEIT 6 STUNDEN ODER ÜBER NACHT

Alle Zutaten mit 80 ml Wasser in einen Mixer geben und pürieren.

200 g Erdbeeren, entstielt und klein geschnitten

4 TL Sambuca

4 TL natürlicher unraffinierter Zucker

1 ordentliche Prise frisch gemahlener schwarzer Pfeffer

Die Mischung auf die Eisformen verteilen und dabei einen 1 cm breiten Rand freilassen. Die Eisstiele mit den Haltern in die Mischung stecken und die Eisformen in das Gefrierfach stellen.

KIRSCH-MARTINI

Geschüttelt oder gerührt? Einen Martini sollte man eigentlich nicht schütteln, weil das den Geschmack des Gins verändern kann!

PORTIONEN 4
ZUBEREI-TUNGSZEIT 10 MINUTEN
GEFRIER-ZEIT 6 STUNDEN ODER ÜBER NACHT

200 g Kirschen, entsteint und klein geschnitten

2 TL Gin oder Wodka, falls Sie keinen Gin mögen

2 TL Dry Vermouth

4 TL natürlicher unraffinierter Zucker

Alle Zutaten mit 100 ml Wasser in einen Mixer geben und pürieren.

Die Mischung auf die Eisformen verteilen und dabei einen 1 cm breiten Rand freilassen.

Die Eisstiele mit den Haltern in die Mischung stecken und die Eisformen in das Gefrierfach stellen.

GIN SLING

Ein erfrischender Cocktail am Stiel für alle, die es gerne etwas saurer mögen.

PORTIONEN 4
ZUBEREI-TUNGSZEIT 5 MINUTEN
GEFRIER-ZEIT 6 STUNDEN ODER ÜBER NACHT

240 g pinke oder rote Grapefruit, geschält, das Weiße entfernt, das Fruchtfleisch klein geschnitten

4 TL Gin

8 TL natürlicher unraffinierter Zucker

Alle Zutaten in einen Mixer geben und pürieren.

Die Mischung auf die Eisformen verteilen und dabei einen 1 cm breiten Rand freilassen.

Die Eisstiele mit den Haltern in die Mischung stecken und die Eisformen in das Gefrierfach stellen.

BLOODY MARY

Dieser Cocktail am Stiel ist für Leute, die gerne herzhafte Snacks mit ein bisschen Schärfe mögen. Es mag vielleicht verrückt klingen, ein Eis aus Tomaten zuzubereiten, aber es funktioniert. Probieren Sie es aus!

PORTIONEN	ZUBEREI-TUNGSZEIT	GEFRIER-ZEIT
4	5 MINUTEN	6 STUNDEN
		ODER ÜBER NACHT

300 g Tomaten

40 g Staudensellerie

4 TL Wodka

3 TL natürlicher unraffinierter Zucker

4 Spritzer Tabasco

4 kleine Prisen (ca. $\frac{1}{8}$ TL) Salz

Alle Zutaten in einen Mixer geben und pürieren.

Die Mischung auf die Eisformen verteilen und dabei einen 1 cm breiten Rand freilassen.

Die Eisstiele mit den Haltern in die Mischung stecken und die Eisformen in das Gefrierfach stellen.

TIPP!
Wenn Sie möchten, dass das Eis richtig Wumms bekommt, nehmen Sie einfach mehr Tabasco.

SCHON GEWUSST?
Aus gekochten Tomaten kann unser Körper mehr hilfreiche Nährstoffe resorbieren.

REGISTER

DANKSAGUNGEN

Es gibt so viele Leute, denen wir für den Erfolg von Lickalix und diesem Buch zu danken haben, dass die Namen gar nicht alle auf eine Seite passen würden, aber es gibt ein paar Leute, die wir unbedingt erwähnen müssen.

Vielen Dank unseren liebevollen und hilfsbereiten Eltern und unserer Schwester Rachel. Ohne sie wären wir niemals in der Lage gewesen, den Mut zu fassen, Lickalix zu gründen und unsere Träume zu leben.

Vielen Dank an unsere unglaublich tollen Freunde, die für uns wie eine Familie sind. Ohne euch hätten wir das alles nicht zustande gebracht.

Vielen Dank an Caroline und das Team von London Fields Lido in London. Sie waren die ersten, die uns grünes Licht gaben und unser Eis verkauften. Ihnen ist es zu verdanken, dass wir eingefleischte Fans haben, die immer ein Lickalix-Eis bestellen werden.

Ein großes Dankeschön geht an das Team von Lickalix (Hana, Safaa und Sotiri unter vielen) für ihre viele harte Arbeit, ihre Inspiration, gute Laune und anhaltende Hingabe für die Sache.

Vielen Dank an unser grandioses Buch-Team, welches das Buch zu dem gemacht hat, was es ist.

Zuletzt möchten wir uns bei allen bedanken, die dieses Buch gekauft haben und versuchen, eine natürlichere und gesündere Leckerei herzustellen, und die mit uns der Eis-am-Stiel-Revolution beigetreten sind!

Viele herzliche Grüße

Karis & Dominic

VERLAGSGRUPPE PATMOS

PATMOS
ESCHBACH
GRÜNEWALD
THORBECKE
SCHWABEN

Die Verlagsgruppe
mit Sinn für das Leben

Die Portionen beziehen sich auf Eis-am-Stiel-
Formen mit 80 ml Fassungsvermögen.

Alle Rechte vorbehalten
© der deutschen Ausgabe 2017 Jan Thorbecke
Verlag der Schwabenverlag AG, Ostfildern
www.thorbecke.de
© der Originalausgabe mit dem Titel „The Lolly
Book" 2016 erschienen bei Kyle Books, einem
Imprint of Kyle Cathie Ltd, 192–198 Vauxhall Bridge
Road, London SW1V 1DX UK
Text © 2016 Karisa & Dominic Gesua
Fotos © 2016 Rita Platts
Illustrationen © 2016 LICKALIX & Hana Noguchi
Buchgestaltung © 2016 Kyle Cathie Limited

Umschlaggestaltung: Finken & Bumiller, Stuttgart
Gedruckt in China
ISBN 978-3-7995-1126-1